Von Winterfreuden und Sommerdüften ... 182

Das Hotel der vier Jahreszeiten ... *Zoran Drvenkar* ... 184
Wetterregeln ... *Gina Ruck-Pauquèt* ... 185
Septembermorgen ... *Eduard Mörike* ... 186
Herbstwind ... *Günter Ullman* ... 186
Das Geheimnis der Zugvögel ... *Heinrich Hoerschelmann/ Stephane Durand/Guillaume Poyet* ... 187
Zugvögel ... *Nureeni Träbing* ... 188
Der kleine Wind ... *Root Leeb* ... 190
Es ist für uns eine Zeit angekommen ... *Paul Hermann* ... 192
Weihnachten ... *Joseph von Eichendorff* ... 193
Hinter verzauberten Fenstern ... *Cornelia Funke* ... 194
Karneval in Deutschland ... *Dagmar Binder/Christa Holtei* ... 198
Karneval in aller Welt ... *Stephanie Brettschneider* ... 199
Frühlinter ... *James Krüss* ... 200
Frühling ... *Hans Manz* ... 201
Der April auf Reisen ... *Knister* ... 202
Wie Ostern bei uns ins Wasser fiel ... *Thomas Fuchs* ... 205
Wie kann man übers Wasser laufen ... *Robert Gernhardt* ... 208
Tom streicht einen Zaun ... *Mark Twain* ... 209

Lexikon für Bücherfreunde

Von Winterfreuden und Sommerdüften

Jahreszeit Regenzeit Zeitgeschichte Anfangszeit
Zeitablauf Kochzeit Zeitgeist Abendzeit Ruhezeit
Zeitgewinn Zeitreise Mittagszeit Schlafenszeit
Zeitabschnitt Zeitaufwand Frühlingszeit Zeitdruck
Jugendzeit Zeitsprung Zeitbombe Tageszeit Zeitloch
Arbeitszeit Zeitschrift Nachtzeit Zeitgenosse
Kindergartenzeit Essenszeit Haltbarkeitszeit

Das Hotel der vier Jahreszeiten

Zwei vereiste Baumlinien führten links und rechts von der Straße auf ein Hotel zu, das auf einem Hügel lag. Die Fassade war von innen her beleuchtet. Ricki musste nicht lange raten, wer in den vier Stockwerken wohnte.

Das erste Stockwerk war wie das Erwachen am Morgen. Blass, sonnengesprenkelt und mit einem neugierigen Grün. Um die Fenster herum schlängelten sich junge Triebe und überall sprießten Grasbüschel, so dass man das Mauerwerk kaum sah. Hier wohnte der Frühling.

Das zweite Stockwerk glühte in allen Farben des Regenbogens. Überall öffneten sich Blumen zwischen den Mauersteinen, Insekten summten, und wenn man genau hinhörte, glaubte man das Rauschen des Meeres zu hören. Hier wohnte der Sommer.

Im dritten Stockwerk dagegen waren die Farben warm und melancholisch. Gelbes, braunes und rotes Laub bedeckte die Fassade, und das Licht in den Fenstern kam von Hunderten von Kerzen. Hier wohnte der Herbst.

Das vierte Stockwerk passte als einziges in die Winterlandschaft hinein. Es erinnerte an ein Gemälde aus vereisten Ölfarben. Blaue Schattierungen vermischten sich mit kaltem Weiß, Eisblumen reckten sich von den Fenstern weg und streckten ihre feinen Finger in Richtung der unteren Stockwerke. Und wenn Ricki genauer hinsah, konnte er erkennen, dass die Eisfinger das Erdgeschoss längst erreicht hatten.

Über den farbigen Blättern des Herbstes, auf den bunten Blumen des Sommers und den zarten Grashalmen des Frühlings lag eine glitzernde Eisschicht. Sie lag auch über dem Eingangsportal, so dass der Schriftzug über den Schwingtüren wie aus einem Eisblock gemeißelt schien:

HOTEL
DER VIER JAHRESZEITEN

Zoran Drvenkar

Wetterregeln

Ein wolkenloser Januar,
der macht die Tage sonnenklar.

Blühet im Februar ein Strauch,
so blühet bald ein zweiter auch.

Stürmet im März der große Sturm,
dann flüchtet sich der Regenwurm.

Treibt der April es nicht zu bunt,
dann werden alle Äpfel rund.

Ist es im Mai stets regenfeucht,
verkühlt sich unsereiner leicht.

Fällt in der Juninacht ein Stern,
so hat dich jemand gern.

Blitzt es an einem Julitag,
gibt's ein Gewitter ohne Frag.

Die große Hitze im August,
bedeutet, dass du schwitzen musst.

September ist ein rechter Trost,
es sei denn, er bringt Schnee und Frost.

Ist der Oktober mild und lind,
freut sich die Katze und das Rind.

Wenn im November Veilchen stehn,
dann hast du dich bestimmt versehn.

Es ist, wenn's im Dezember schneit,
gewiss der Winter nicht mehr weit.

Gina Ruck-Pauquét

Septembermorgen

Im Nebel ruhet noch die Welt,
Noch träumen Wald und Wiesen:
Bald siehst du, wenn der Schleier fällt,
Den blauen Himmel unverstellt,
Herbstkräftig die gedämpfte Welt
In warmem Golde fließen.

Eduard Mörike

Herbstwind

Erst spielt der Wind nur Fußball
mit Vaters bestem Hut,
dann schüttelt er die Bäume,
die Blätter riechen gut,

und lässt die Drachen leben
und wringt die Wolken aus.
Der Herbstwind lässt uns beben,
wir gehen nicht nach Haus.

Günter Ullmann

1. Lerne eines der Herbstgedichte auswendig.

Das Geheimnis der Zugvögel

Zeitplan

Die Schwalben und alle anderen Zugvögel brauchen gar nicht zu wissen, dass es bald kalt wird.
Sie haben von Geburt an eine automatisch laufende „innere Uhr", die ziemlich genau den Jahresablauf steuert.
Zusätzlich zu der „inneren Uhr" reagieren die Vögel aber auch auf die zu- und abnehmenden Tageslängen. Im Frühling, wenn die Tage länger werden, beginnen sie zu singen und fangen an, für Nachwuchs zu sorgen. Im Sommer, wenn die Tage kürzer werden, bereiten sie sich auf die Wanderung vor und fliegen schließlich davon.
Mit der Tageslänge kann also die „innere Uhr", die nicht sonderlich genau geht, so gestellt werden, dass ein Vogel dort, wo er lebt, auch zur richtigen Zeit das Richtige tut.

Heinrich Hoerschelmann

Reise

Wenn sich der Herbst ankündigt, spüren die meisten Vögel in den gemäßigten und kühlen Klimazonen, dass die kalte Jahreszeit naht. Sie legen Fettreserven als Brennstoff für die lange Reise an und verdoppeln manchmal sogar ihr Gewicht, denn sie wissen nie, wann sie auf ihrer Tour wieder etwas zu fressen finden werden.

Ganz egal, ob sie einzeln oder in der Gruppe fliegen, bei Tag und bei Nacht, ob sie die Strecke instinktiv kennen oder von ihren Eltern lernen, alle Zugvögel besitzen einen hervorragenden Orientierungssinn. Selbst wenn sie riesige Strecken zurücklegen, finden sie ihren Bestimmungsort so zielsicher, dass sie fast auf einen Meter genau dort landen, wo sie bereits im Jahr zuvor überwintert oder genistet haben. Sie verdanken diese Fähigkeit genauen Landkarten, die in ihrem Kopf gespeichert sind. Diese Karten sind dreidimensional, enthalten Sonnen- und Sternenkoordinaten und geben den Tieren Auskunft über die Lage von Bergen und Tälern, die vorherrschenden Winde und sogar über Gerüche.

Stephane Durand/Guillaume Poyet

Zugvögel

Es war einmal ein netter Kerl. Der hieß Arno. Arno liebte Tiere und Blumen und Käfer. In seinem Lieblingskäfer und mit seinem Hund Wolfgang machte Arno gerne Ausflüge in die Natur.

Arno versuchte zu helfen, wo er konnte. Als er in der Zeitung las, dass eine bestimmte Pilzsorte vom Aussterben bedroht war, rief er seine Freunde und Bekannten an, und sie versammelten sich vor dem Rathaus und protestierten.

Eines Abends, als Arno und Wolfgang von der Arbeit nach Hause kamen, hörten sie einen Riesenkrach. Im Baum vor ihrem Haus saß ein Schwarm Vögel und zwitscherte sich die Seele aus dem Leib.

Arno wusste sofort Bescheid. „Wolfgang", sagte er, „die Vögel haben den Vogelzug in den Süden verpasst. Wenn sie hier draußen bleiben, werden sie erfrieren. Wir müssen was tun!" Wolfgang bellte zustimmend, obwohl er sich fragte, warum es für Vögel wohl Extrazüge gab.

Arno und Wolfgang beschlossen, den Vögeln Unterschlupf zu gewähren. Einen Vogel nach dem anderen holte Arno vom Baum und Wolfgang trug sie in der Einkaufstasche die Treppe hoch. Es waren so viele, dass Arno und Wolfgang Stunden brauchten, bis sie alle in der Wohnung hatten. Und dann wurde es laut. Sehr laut. Und sehr eng.

Arno und Wolfgang waren froh, dass es den Vögeln so gut ging. Aber vielleicht war die Wohnung doch ein bisschen klein für so viele Gäste. Die Vögel schien das nicht zu stören. Sie sahen fern und kochten oder lasen und zwitscherten vor Glück.

Als Arno am nächsten Tag vom Vogelfutterkaufen kam, hatte Wolfgang sich mit der Katze Sigrid aus dem Erdgeschoss angefreundet. Arno mochte es nicht glauben. Die beiden konnten sich sonst nicht leiden. Jetzt standen sie zusammen auf der Straße und schauten zu Arnos Wohnung hinauf. Aus der kam ein Höllenkrach. Die Wohnung war zu klein, die Vögel waren zu laut und Arno hatte eine Idee. Er teilte seinen Gästen mit, dass er sie in den Süden fahren würde. Dann packte er seine Koffer.

Die Vögel zwitscherten vor Begeisterung, dann klatschten sie mit den Flügeln, wie sie es bei einem Sinfonie-Konzert gesehen hatten. Für ein paar Minuten hörte man nur ein vornehmes Rascheln in der Wohnung. Dann wieder Krach.

In Arnos Käfer machten sie sich auf die Reise. Es war gar nicht so einfach, die vielen Vögel in dem kleinen Auto unterzubringen, doch alle rückten eng zusammen.

Im Süden angekommen, verabschiedeten sich Arno und Wolfgang von ihren Gästen, und die Vögel hatten Glück. Ein anderer Schwarm machte dort gerade Pause, dem schlossen sie sich an.

Nach Afrika!

Arno und Wolfgang fuhren nach Hause und fast ein Jahr verging. Doch eines Tages kamen sie nach Hause, es war wieder Herbst und da…

Was für eine Überraschung!

Nureeni Träbing

Anmerkung: Diese Geschichte ist nicht frei erfunden – es gab einmal einen, der vor vielen Jahren von der schönen Stadt Freiburg aus Zugvögel in seinem ausgebeulten Käfer nach Süden transportierte.

Der kleine Wind

Es war einmal ein kleiner Wind, der gerne mit Kindern gespielt hätte. Aber sobald er nur ein bisschen um die Hauswände herumstrich und die Fensterläden leise klappern ließ oder durch das Schlüsselloch wisperte, dass die Kinder doch herauskommen sollten – schon versteckten die sich. Sie schmiegten sich an ihre Mütter oder kletterten auf ihre Väter, hielten sich die Ohren zu und riefen ängstlich: „Huu, wie der Wind heult!“

Eines Tages hatte er ganz unerwartet Glück. Er pustete gerade genüsslich zwei Schäfchenwolken auf dem blitzblauen Himmel hin und her, die Sonne schien und die Blätter an den Bäumen leuchteten in Gelb und Rot, da sah er eine Prozession von Menschen auf den höchsten Hügel laufen. Es war ein Sonntag, das wusste der kleine Wind natürlich nicht, Männer und Frauen, Kleine und Große waren unterwegs, viele hielten etwas Buntes in der Hand. Neugierig flog der kleine Wind näher. Oh, wie wunderbar. Viele Kinder waren dabei, manche liefen voraus und warteten oben auf dem Hügel ungeduldig auf die anderen.

Tänzelnd vor Freude kam der kleine Wind näher heran. Mit einem Jauchzen und Lachen warfen die Kinder und Väter und Mütter ihre Drachen in die Höhe – ja, genau ihm entgegen! Sie wollten also, dass er mitspielte, und das tat er. Er nahm die herumfliegenden Drachen, zog sie weiter nach oben, ließ sie schweben und tanzen. Dann wurde er sogar ein bisschen übermütig und ließ einen von ihnen abstürzen und seine Nase in die Erde bohren. Aber das Kindergeschrei erschreckte ihn so, dass er den Drachen sofort wieder mit nach oben nahm und ihn in besonders schönen Kurven und Schlangenlinien schweben ließ.

Da war ein Lachen und Herumtollen, ein Prusten und Blasen und Knattern hoch oben in der Luft. Für den kleinen Wind hätte es ewig so weitergehen können. Die Stunden vergingen wie im Flug. Es begann, kühler zu werden, und da und dort hörte man schon Stimmen, die riefen: „Holt eure Drachen runter! Wir gehen nach Hause!“ „Oh, nein, gerade jetzt, wo es am schönsten ist!“

Der kleine Wind wusste, zu wem er halten wollte, und er wusste auch, wie. Entschlossen trug er die Drachen immer höher und höher, drehte sie mehrmals um die eigene Achse und setzte alles daran, dass sie nicht heruntergeholt werden konnten. Und er schoss auf den Boden, blies Jacken und Röcke hoch und pflückte da und dort die Hüte von den Köpfen. Die Männer und Frauen sprangen ihren Sachen hinterher, und der kleine Wind schob die Leute noch mächtig an, dass sie ihre Hüte nicht einfangen konnten. Es gab ein wildes Durcheinander, und wer von den Kindern keinen Drachen mehr in der Luft hatte, spielte beim Hütefangen mit, und erst als es anfing, dunkel zu werden, ging allen ein bisschen die Puste aus, auch dem kleinen Wind. So ließ er etwas nach und schob nur ganz sanft die müden Gestalten an, die auf dem Heimweg waren. Dabei hörte er, wie glücklich die Kinder waren. Gerührt und auch ein bisschen stolz begleitete der kleine Wind seine neuen Freunde bis an ihre Wohnungstür und blies noch schnell einen Haufen bunten Herbstlaubs davor.

Draußen tänzelte er noch eine Weile aufgekratzt zwischen den Häusern herum, begleitete mit seinem Klappern und Lärmen die Kinder in den Schlaf und zog sich dann glücklich wieder in die Hügel zurück.

Root Leeb

1. Was richtet der kleine Wind an? Erzähle.

2. Denke dir weitere Abenteuer des kleinen Windes aus.

Es ist für uns eine Zeit angekommen

Melodie: aus der Schweiz
Text: Paul Hermann

2. Es schlafen Bächlein und See unter'm Eise,
es träumt der Wald einen tiefen Traum.
Durch den Schnee, der leise fällt,
wandern wir, wandern wir
durch die weite, weiße Welt.

3. Vom hohen Himmel ein leuchtendes Schweigen
erfüllt die Herzen mit Seligkeit.
Unter'm sternbeglänzten Zelt
wandern wir, wandern wir
durch die weite, weiße Welt.

Weihnachten

Markt und Straßen sind verlassen,
still erleuchtet jedes Haus.
Sinnend geh ich durch die Gassen,
alles sieht so festlich aus.

An den Fenstern haben Frauen
buntes Spielzeug fromm geschmückt.
Tausend Kindlein stehn und schauen,
sind so wunderstill beglückt.

Und ich wandre aus den Mauern
bis hinaus ins freie Feld,
hehres Glänzen, heiliges Schauern!
Wie so weit und still die Welt.

Sterne hoch die Kreise schlingen,
aus des Schnees Einsamkeit
steigt's wie wunderbares Singen –,
o du gnadenreiche Zeit!

Joseph von Eichendorff

1. Was gefällt dir an der Weihnachtszeit? Schreibe.

Hinter verzauberten Fenstern – eine geheimnisvolle Adventsgeschichte

Mama griff in die größte Tüte, zog vorsichtig zwei Kalender heraus und legte sie nebeneinander auf den Küchentisch. Der eine sah fast genauso aus wie der, den Julia letztes Jahr bekommen hatte. Mit einem dicken Nikolaus und kleinen Engeln und Tieren und Tannenbäumen und einem Schlitten voller Geschenke. Na ja, eben wunderschön. Eindeutig ein dicker, fetter, herrlicher Schokoladenkalender.

Aber der andere – Julia runzelte die Stirn –, der andere sah komisch aus. Erstens weit und breit nichts von einem Nikolaus zu sehen. Und es gab auch keine Engel oder Tiere. Es gab nur ein großes Haus. Ein blödes, dunkles Haus mit ein paar blöden Bäumen drum rum. Sonst nichts. Absolut nichts. Und zweitens – das war das Schlimmste, der Kalender war zu dünn. Da passte nicht mal das klitzekleinste Schokoladentäfelchen rein.

Was war bloß auf den Bildern hinter den Fenstern? Wer war hinter den Fenstern? Julia schob ihr Gesicht ganz nah an den Kalender heran, bis ihre Nase an die Pappe stieß. Eins könnte sie doch wenigstens mal aufmachen. Nervös machte sie sich an dem Fenster mit der 1 zu schaffen. Den Fingernagel unter der Ecke, ein Griff mit dem Daumen – und das Fenster klappte auf. Julia blickte in eine düstere Rumpelkammer.

Ein paar Kartons, eine alte Badewanne mit Klauenfüßen, ein verschnürter Sack, jede Menge Gerümpel. Und an einem klapprigen Kleiderschrank hing ein riesiger, grauer Mantel. Das war alles.

Julia starrte das Bild ungläubig an. Sie hatte von Anfang an Recht gehabt. Es war ein blöder, langweiliger Schwachsinnskalender.
Dachten die, die solche Kalender machten, etwa, Kinder fänden so was gut? Bilder von rumpeligen Dachböden statt Schokolade? Ärgerlich drückte Julia das Fenster wieder zu. Der Kalender funkelte und blitzte in der Dunkelheit. Na ja, dachte Julia müde, seine Bilder taugen nichts, aber glitzern tut er wirklich wunderschön. Und dann schlief sie ein.

Julia öffnete das zweite Fenster.

Nein, auch im zweiten Zimmer war niemand. Aber der graue Mantel war da. Er hing an einem Haken an der Wand. Zwischen den zwei vollgestopftesten Regalen, die Julia je gesehen hatte. Ich verstehe überhaupt nichts mehr, dachte Julia. Wie kommt der hierher?
Was sonst noch auf dem Bild war, konnte sie kaum erkennen – so sehr wimmelte es von tausend Dingen, die von der Decke hingen, sich auf dem Boden stapelten oder aus den Regalen quollen. Wenn das Fenster doch bloß nicht so klein wäre, dachte Julia.
Ihre Lupe! Die hatte sie ganz vergessen. Hastig sprang sie vom Bett und wühlte in ihrem Regal herum. Da war sie! Schnell flitzte sie zurück.

Sie entdeckte eine kleine Erde, auf eine Nadel gespießt, und um sie herum kreiste auf einem hauchdünnen Draht ein klitzekleiner Mond. In einer Zimmerecke stand ein großer Holzglobus mit Meeren und Kontinenten, die Julia noch nie gesehen hatte.

Aber das Aufregendste, was sie entdeckte, waren die kleinen Flugmaschinen, die an dünnen Fäden von der Decke baumelten. Einige waren aus Pappe, andere aus Holz oder Metall. Manche waren nicht größer als Julias Spielzeugautos, und andere hatten Flügel, die so lang waren wie ihr Arm. Unter der Lupe wurden sie so groß, dass Julia sogar kleine Knöpfe und Hebel erkennen konnte. Als ob man sie berühren könnte, dachte sie und stupste mit ihrem Finger gegen einen kleinen Propeller. Er begann sich zu drehen. Erschrocken zuckte Julia zurück und ließ die Lupe fallen.

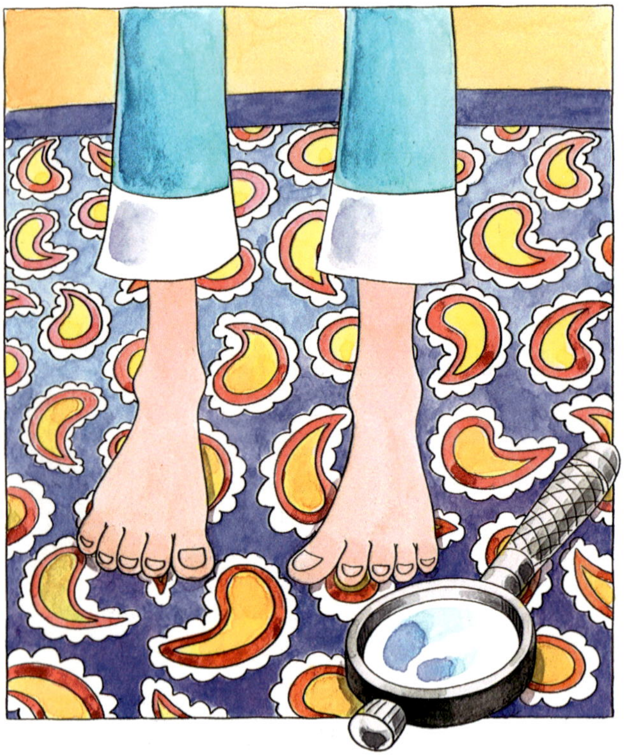

Als sie sich bückte, um sie aufzuheben, blickte sie auf einen bunt gemusterten Teppich. „Du meine Güte!“, flüsterte sie und berührte ihre Zehen. Es waren eindeutig ihre Füße, die da auf dem fremden Teppich standen. Vorsichtig hob sie den Kopf und sah sich um. Da in der Ecke stand der merkwürdige Globus. Und über ihrem Kopf hingen die wunderbaren Flugmaschinen. Eine schwebte sogar direkt vor ihrer Nase.

Julia drehte sich um. Sie blickte durch ein offenes Fenster in ihr Zimmer. „Oje!“, dachte sie und begann, auf ihren Fingernägeln zu kauen. „Ich stecke in meinem eigenen Kalender!“ Ihr Herz klopfte schneller und schneller. Plötzlich öffnete sich links von ihr eine Tür und ein kleiner Mann mit einer riesigen Blumenvase kam hereingestolpert. Der kleine Mann machte eine tiefe Verbeugung. Dann ergriff er Julias Hand und schüttelte sie überschwänglich.

„Ich freue mich ja so!“, rief er. „Gestatten, mein Name ist Jakobus Jammernich, von Beruf Flugmaschinenerfinder.

Seit heute Morgen hatte ich die winzige Hoffnung, dass du kommst. Seit ich oben auf dem Dachboden das offene Fenster entdeckt habe. Ich kann es immer noch nicht fassen. Es ist so eine Ehre für mich. Die erste Besucherin seit so vielen Jahren in meiner Wohnung! Eine unbeschreibliche, wunderbare, absolut unermessliche Ehre.“

Julia war furchtbar verlegen. So eine Begrüßung hatte sie noch nie erlebt.
„Du bist noch ein bisschen durcheinander, nicht wahr?“, fragte der kleine Erfinder.
„Ja“, sagte Julia, „aber ich freue mich sehr, hier zu sein. Obwohl ich keine Ahnung habe, wie ich hier reingeraten bin.“
„Oh, das ist ziemlich einfach“, sagte Jakobus Jammernich, „du hast ein Fenster geöffnet und lange genug hineingesehen. Wenn du nachher wieder nach Hause willst, brauchst du nur durch das Fenster zu schauen – und schwupps – liegst du in deinem Bett.“

Was für ein Abenteuer! Keiner würde ihr das glauben. Aber das machte nichts. Sie hatte sowieso keine Lust, es irgendjemandem zu erzählen.

Cornelia Funke

1. An welcher Stelle steigt Julia in den Kalender hinein?

Karneval in Deutschland

Mit dem Karneval (andere Namen: Fasching, Fastnacht, Fasnacht, Fasnet, ...) wird der Winter vertrieben. Ursprünglich wurde dieses Fest am Abend vor Beginn der Fastenzeit gefeiert. Daher kommt auch der Name „Fastnacht“. Erst seit dem Mittelalter wird das Fest über mehrere Tage gefeiert.

Der Ursprung vieler Karnevalsbräuche liegt in der heidnischen Zeit. Die gruseligen Masken, der Lärm und das große Spektakel dienten dazu, den Winter und die Wintergeister zu vertreiben, damit den frisch wachsenden Pflanzen kein Schaden zugefügt werden konnte. Außerdem sollte der Lärm der Schellen und Ratschen die Natur aus dem Winterschlaf wecken.
Die Narren verkörpern dabei die erwachende Natur, die mit dem Frühling Einzug hält.

nach Dagmar Binder

In **Düsseldorf, Köln oder Mainz** macht man sich bei den bekannten Rosenmontagsumzügen besonders über die Politiker und andere bekannte Personen lustig. Riesige Figuren aus Pappmaschee machen unübersehbar deutlich, was den Menschen nicht passt. Sie werden mit „Helau“ und „Alaaf“ bejubelt.

In der **schwäbisch-allemanischen** Fastnacht, die im Südwesten von Deutschland gefeiert wird (z. B. in Rottweil), finden farbenfrohe Umzüge statt. Seit dem frühen Mittelalter ziehen dabei Menschen mit unheimlichen Masken durch die Straßen. Teufel, Hexen und Tiere laufen mit Rasseln, Schellen und Peitschen durch die Dörfer und Städte und machen einen Höllenlärm.

nach Christa Holtei

Karneval in aller Welt

Nicht nur in Deutschland treiben die Narren den Winter aus. Auch in anderen Ländern wird Karneval und Fastnacht gefeiert.

Der **Karneval in Rio de Janeiro in Brasilien** ist eine der Hauptattraktionen der Stadt. Die bunte Parade der Sambatänzer in ihren prächtigen Kostümen gehört zu den größten Umzügen der Welt. Vor einigen Jahren wurde extra für diese Parade das „Sambódromo" erbaut, ein großes Karnevalsstadion.

Während des ganzen Jahres bereiten sich die Tänzer und Tänzerinnen der Sambaschulen auf dieses Ereignis vor: Es werden Texte und Lieder geschrieben, Tänze einstudiert, Kostüme entworfen und geschneidert. Die Karnevalsparade der besten Sambaschulen dauert bis zu 12 Stunden.

Bei den zehntägigen Veranstaltungen um den **Karneval in Venedig in Italien** verlässt kein Venezianer sein Haus ohne Verkleidung. Durch ihre Verkleidung schlüpfen die Menschen in eine andere Rolle. Verborgen hinter einer Maske kann man Dinge sagen, die man normalerweise nicht ausgesprochen hätte. Die Ideen zu den Kostümen und Masken stammen aus dem 16. Jahrhundert.

Die **Basler Fastnacht** ist die größte Fasnacht der **Schweiz.** Sie beginnt am Montagmorgen nach Aschermittwoch mit dem berühmten „Morgestraich". Um 4.00 Uhr morgens wird die ganze Innenstadt vollständig verdunkelt. Das einzige Licht kommt von den Laternen der Fastnachtler, die maskiert durch die Straßen ziehen.

Stephanie Brettschneider

1. Beschreibe, wie bei euch Karneval gefeiert wird.

Frühlinter

Im April aufzusagen

Wer im April
spazieren will,
was tut er? Was beginnt er?
Er jubelt:
Frühl… Dann schweigt er still
und murmelt matt:

Frühlinter

Sein Schuh im Matsch
macht quitsch und quatsch,
halb Frühling ist's halb Winter.
Ein bisschen plitsch, ein bisschen platsch,
von jedem was:

Frühlinter

Wohin das zielt?
Was das bezweckt?
Es kommt kein Mensch dahinter.
Wenn sich ein Kind mit Lust bedreckt,
dann frag nicht, was dahinter steckt.
Es ist April:

Frühlinter

James Krüss

1. Erkläre das Wort „Frühlinter".

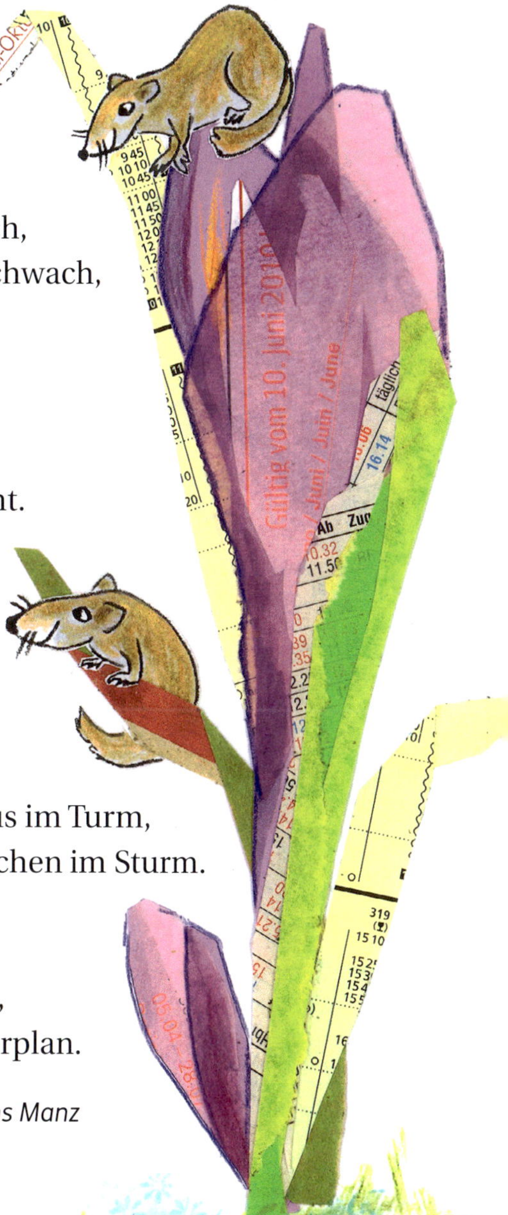

Frühling

Die Knospen knospen und sind schon wach,
die Keime keimen noch schüchtern und schwach,
die Weiden weiden das Gras ab am Bach.

Die Bäume baumeln (das ist ihre Pflicht),
die Sträucher straucheln im Dämmerlicht,
die Stämme stammeln ein Frühlingsgedicht.

Die Hecke heckt neue Streiche aus,
der Rasen rast wie rasend ums Haus,
der Krokus kroküsst die Haselmaus.

Die Drossel erdrosselt den Regenwurm,
das Rebschoss* erschoss nachts die Reblaus im Turm,
drum erlaubt sich das Laub noch ein Tänzchen im Sturm.

Es himmelt der Himmel ein Wölkchen an,
es windet der Wind sich durch Löwenzahn,
und bereits blättern Blätter im Sommerfahrplan.

Hans Manz

1. Die Verse bestehen aus Wortspielereien. Erkläre einige von ihnen.
2. Schreibe das Gedicht auf ein Schmuckblatt.

* Ein Rebschoss ist ein junger Trieb des Rebstocks.

Der April auf Reisen

Wie ihr sicher wisst, gibt es im Jahr zwölf Monate, die aufeinander folgen. Es sind der Januar, der Februar, der März, der April, der Mai, der Juni, der Juli, der August, der September, der Oktober, der November und der Dezember.

Jeder Monat hat, wenn er an der Reihe ist, eine ganz bestimmte Aufgabe zu erfüllen:
Der Mai erinnert zum Beispiel die Sonne daran, dass sie jetzt wärmer strahlen muss. Und der Oktober ruft den Wind und kräftige Herbststürme. Die blasen so heftig, dass jedermann weiß, dass der Sommer endgültig vorbei ist.
Die übrige Zeit des Jahres haben die Monate frei. Das kann für sie manchmal sehr langweilig sein. An einem verschneiten Winterabend schrieb darum der März seinem Nachbarmonat April einen Brief:

Lieber April,
ich würde mich sehr freuen, wenn du mich einmal besuchen würdest. Komm doch in einem Monat, dann kannst du mich und meine Arbeit gut kennen lernen.

Mit blühenden Frühlingsgrüßen,
dein Nachbarmonat März

Der April freute sich sehr über diese Einladung und machte sich kurz entschlossen in seinem Wagen auf den Weg. Aber schon bald war seine Reise zu Ende, weil der März Berge von Schnee und eisigen Frost bescherte.

Der April blieb mit seinem Wagen in den Schneemassen stecken und hatte keine andere Wahl als umzukehren. Aber er war von dem Plan, den März zu besuchen, so begeistert, dass er, kaum zu Hause angekommen, unverdrossen seinen Schlitten aus dem Schuppen holte und erneut Richtung März fuhr.
Aber der März hielt wieder eine Überraschung für ihn bereit: Er machte es so warm, dass der Schnee schmolz und der April mit seinem Schlitten nicht mehr vorwärts kam. Und so musste er wieder umkehren. Mühsam zog er seinen Schlitten zurück.

Auf dem Rückweg traf er den Nachbarn Mai. Ihm klagte er sein Leid:
„Stell dir vor, der März hat mich eingeladen, ihn zu besuchen. Nun bin ich schon zum zweiten Mal unterwegs zu ihm, doch ich schaffe es wieder nicht. Zuerst hab ich's mit dem Wagen probiert und bin im Schnee stecken geblieben. Dann hab ich den Schlitten genommen, und prompt fing es an zu tauen. Selbst mit dem Wagen käme ich jetzt kaum durch, weil das Schmelzwasser sogar die Flüsse über die Ufer treten lässt und alles überflutet."
Der Mai lachte. „Ich glaube, der März will dir einen Streich spielen und sich über dich lustig machen. Wie wär's, wenn du ihn überlisten würdest? – Nimm doch einfach den Wagen, den Schlitten und dein Boot mit, dann wirst du mit jedem Wetter fertig."

Der April fand den Vorschlag des Mai sehr gut und machte sich mit allen drei Fahrzeugen ein drittes Mal auf den Weg. Draußen schneite es wieder, also fuhr er mit dem Schlitten los. Der März aber wollte ihn erneut hereinlegen und sandte warmes Wetter, so dass der Schnee schmelzen musste. Da packte der April Schlitten und Boot auf den Wagen, band mit einem dicken Strick alles gut fest und fuhr unbeirrt weiter.

Kurz darauf wurde es aber wieder kalt. Es fror und schneite so sehr, dass der April mit seinem Wagen in den Straßengraben schlitterte. Der April ließ sich nicht entmutigen. „Ich wollte dich kennen lernen, und nun sollst du mich kennen lernen!“, schimpfte er, schnürte mit steif gefrorenen Fingern Wagen und Boot auf den Schlitten und setzte seinen Weg fort. Nun schickte der März heftige Regenschauer und ein starkes Tauwetter, so dass die Wassermassen alles überschwemmten.
„Jetzt erst recht!“, lachte der April, lud Wagen und Schlitten ins Boot und setzte seine Reise fort.

Der März staunte nicht schlecht, als der April bei ihm vor Anker ging. „Sag, wie hast du das denn geschafft?“, fragte er seinen Nachbarmonat. Schmunzelnd erzählte der April ihm alles. Auch, dass der Mai ihm geholfen hatte, den März zu überlisten. „Na, warte!“, rief der März erbost. „Dem Mai werd ich’s heimzahlen!“

Und seit dem Tage schickt er dem Mai regelmäßig ein paar tüchtige Nachtfröste. Auch heute noch. Den April aber kann nun kein Wetter mehr schrecken. Gleich, ob Schnee oder Eis, ob Regen oder Sonnenschein, der April ist für wirklich jedes Wetter gut ausgerüstet und beweist uns das jedes Jahr aufs Neue.

KNISTER (nach einem alten Volksmärchen)

1. Wen könnte der Juli besuchen? Schreibe.

Wie Ostern bei uns ins Wasser fiel

Mein großer Bruder und ich bauen gerne Staudämme. So richtig große und breite, die den ganzen Bach abriegeln. Unseren bis dahin größten hatten wir im Urlaub in Tirol gemacht.

Doch letzte Ostern haben wir uns selbst übertroffen. Vielmehr Onkel Matthias und Onkel Michael haben sich selbst übertroffen. Und das kam so:
Wir sind am Samstag vor Ostern früh in den Park. Wir, also Onkel Matthias, Onkel Michael, mein älterer Bruder Sascha und ich. Dort ist diese Wiese direkt neben dem Schloss. Mitten durch die Wiese fließt ein Bach.

„Los, wir stauen!", hat mein Bruder gerufen und ist mit seinen Gummistiefeln in den Bach gesprungen. Als Sascha und ich schon die Grundmauern unseres Damms fertig hatten, kamen die beiden zurück. Sie hätten am Ende der Wiese eine viel bessere Stelle für einen Damm gefunden, sagte Onkel Matthias. Dort am Waldrand würde der Bach in einen Kanal fließen und da könne man viel besser stauen.
Also sind wir hin. Und meine Onkel hatten wirklich Recht, nach drei Stunden hatten wir vier einen Staudamm gebaut, gegen die alle anderen Dämme ein Witz waren. Die Staumauer war über einen Meter hoch und riegelte den Bach fast vollständig ab. Onkel Michael hatte sogar zwei große Baumstämme angeschleift und eingearbeitet. Der Damm war so richtig echt.

Onkel Matthias schlug anschließend vor, wir sollten rüber ins Café gehen und eine kleine Pause einlegen. Nach Kakao und Kuchen könnten wir ja zurückkommen und den Damm öffnen. Jetzt würde sich das noch nicht lohnen, es wäre ja kaum Wasser im Staubecken.
Das haben wir dann auch gemacht. Nur hat es, als wir aus dem Café wieder rauskamen, angefangen zu regnen und da wollten meine beiden Onkel nicht mehr. Also sind wir heim.

Es hat den ganzen Samstagnachmittag nicht mehr aufgehört zu regnen, erst am Ostersonntagmorgen kam die Sonne wieder raus. Nach dem Frühstück brachen wir auf. Mama hatte die Tüte mit den Eiern zum Verstecken und Suchen gepackt und unsere Familie wollte einen richtig schönen Osterausflug mit Eiersuche machen.
In der Zeitung stand, dass die Stadtverwaltung auch eine Eiersuche organisiert hätte. Über hundert Nester würden in der Nähe des Schlosses versteckt und alle Kinder wären eingeladen, danach zu suchen. Da wollten wir hin. Onkel Michael war ganz aufgeregt. Nicht wegen der Ostereier, sondern wegen unseres Dammes. Er redete die ganze Zeit von nichts anderem.

Wie Recht er damit hatte, merkten wir, als wir am Schloss ankamen und auf die Wiese mit dem Bach und dem Damm hinuntersehen konnten. Die Wiese war weg. Gut, nicht richtig weg, aber da, wo früher die Wiese gewesen war, stand jetzt eine trübe Brühe. Rings um den Tümpel herum hatten sich Familien versammelt und starrten traurig auf das Wasser.

Uns allen war sofort klar, was passiert war. Unser Damm hatte gehalten. Aber leider hatte der Regen immer mehr Wasser in den Bach gespült, so dass der irgendwann über die Ufer getreten war und die Wiese überflutet hatte. Hier Eier zu suchen konnte man vergessen.

Papa sagte, wir sollten kurz warten, und lief zu den Leuten runter, die rings um den neuen See herumstanden. Nach ein paar Minuten kam er zurück und meinte, dass wir besser verschwinden sollten. Die Leute wären stocksauer und angeblich würde die Parkaufsicht zwei Männer und zwei Jungs suchen. Die vier wären gestern am Bach beobachtet worden und wären schuld daran, dass die städtische Eiersuche ins Wasser gefallen sei. Die Polizei ermittle gegen unbekannt.

Onkel Michael und Onkel Matthias sind richtig rot geworden und werden es jetzt immer noch, wenn irgendjemand das Wort „Staudamm“ erwähnt. Und Sascha und ich wissen nun, dass man einen Staudamm besser nicht zu gut baut. Sonst hält er womöglich.

Thomas Fuchs

1. Sollten sich Onkel Michael und Onkel Matthias bei der Polizei melden? Sprecht darüber.

2. Schreibt einen Artikel für die Zeitung und berichtet über den Vorfall.

Wie kann man übers Wasser laufen

Wie kann man übers Wasser laufen,
ohne sofort abzusaufen?

So:

Nimm Primelfett und Puddingkraut,
zwei Kilo feinste Fliegenhaut,
drei Liter Gold und Himbeertran,
ein Walfischhaar und einen Zahn
von einer Hummel und tu das
zusammen in ein Silberglas.
Das Ganze lass nun fünf, sechs Wochen
auf kleingestellter Flamme kochen,
wobei man ständig schreien muss.

Sodann gieß alles in den Fluss,
den Bach, den Tümpel oder Teich,
auf dem du gehn willst, und sogleich
trägt dich das Wasser wie ein Brett.

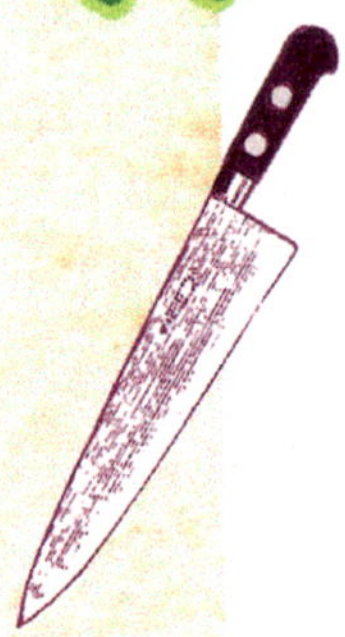

So weit, so gut. Ach ja, ich hätt'
fast ganz vergessen, zu betonen,
dass all die Mühen sich kaum lohnen,
wenn man zum Beispiel schwimmen kann.
Du kannst nicht schwimmen? Dann mal ran!

Robert Gernhardt

1. Was würdest du gerne können?
Schreibe ein eigenes Zauberrezept auf.

Tom streicht einen Zaun

Tom hat Blödsinn gemacht. Tante Polly bestraft ihn damit, dass er einen sehr langen Zaun streichen muss.

Toms Energie hielt jedoch nicht an. Ihm fielen die vergnüglichen Dinge ein, die er für heute geplant hatte, und sein Kummer vervielfachte sich. Bald mussten die Jungen, die frei waren, auf allen möglichen herrlichen Expeditionen hier vorbeigesprungen kommen, und sie würden ihn furchtbar auslachen, weil er arbeiten musste – schon der Gedanke daran brannte wie Feuer ...
In diesem düsteren, hoffnungslosen Augenblick durchfuhr ihn eine Eingebung. Nicht mehr und nicht weniger als eine grandiose, fabelhafte Eingebung. Er nahm seinen Pinsel zur Hand und begab sich ruhig an die Arbeit.

Kurze Zeit darauf kam Ben Rogers in Sicht, genau der Junge, vor dessen Spott er sich am meisten gefürchtet hatte. Bens Gang war ein einziges Hüpfen, Tanzen und Springen – Beweis genug, dass sein Herz leicht und voller hochgespannter Erwartungen war. Er aß einen Apfel und stieß in regelmäßigen Abständen ein langes, melodisches Heulen aus, dem ein tief tönendes Bim-bam-bam, Bim-bam-bam folgte, denn er stellte einen Dampfer dar...
Tom tünchte weiter – er kümmerte sich nicht um den Dampfer.
Ben starrte ihn einen Augenblick an und sagte dann: „Heda! Du steckst in der Patsche, was?“
Keine Antwort. Mit dem Auge des Künstlers begutachtete Tom seinen letzten Strich; dann fuhr sein Pinsel noch einmal mit leichtem Schwung darüber hinweg, und er begutachtete das Ergebnis von neuem.

Ben bezog neben ihm Stellung. Beim Anblick des Apfels lief Tom das Wasser im Munde zusammen, er blieb jedoch bei seiner Arbeit.

Da sagte Ben: „Hallo, alter Junge; musst arbeiten, was?“

„Ach, du bist’s, Ben. Hab’s gar nicht gemerkt.“

„Ich geh schwimmen, hörste? Würdste nicht auch lieber mitkommen? Aber natürlich, du möchtest lieber schuften, was? Klar, Mensch.“

Tom betrachtete den Jungen ein Weilchen und fragte dann:

„Was nennste denn Arbeit?“

„Na, ist ’n das vielleicht keine Arbeit?“

Tom machte sich wieder ans Tünchen und meinte gleichgültig:

„Na, vielleicht, vielleicht auch nicht. Ich weiß nur eins: Tom Sawyer gefällt’s.“

„Ach, geh doch, du willst mir doch nicht etwa einreden, ’s macht dir Spaß?“

Der Pinsel fuhr weiter.

„Ob’s mir Spaß macht? Na, ich wüsste nicht, weshalb’s mir keinen Spaß machen sollte. Kommt ’n Junge vielleicht jeden Tag dazu, ’nen Zaun zu streichen?“

Das ließ die Sache in neuem Licht erscheinen. Ben hörte auf, an seinem Apfel zu knabbern. Tom schwang seinen Pinsel mit behutsamer Eleganz hin und her – trat dann zurück, um die Wirkung festzustellen – setzte hier und da noch einen Tupfer hinzu – kritisierte die Wirkung von neuem, während Ben jede seiner Bewegungen beobachtete und ihn die Sache immer mehr interessierte, immer stärker fesselte. Nach einer Weile sagte er:

„Du, Tom, lass mich mal ’n bisschen streichen.“

Tom dachte nach, war schon drauf und dran, zuzustimmen, überlegte sich’s dann aber wieder anders:

„Nein, nein, geht wohl nicht, Ben. Sieh mal, Tante Polly nimmt's mächtig genau mit dem Zaun hier, er steht ja direkt an der Straße, verstehste – wenn's hinten der wär, würd's mir nicht drauf ankommen und ihr auch nicht. Ja, mächtig genau nimmt sie's mit dem Zaun hier, ganz sorgfältig muss der gestrichen werden; ich glaube, kaum einer von tausend Jungens ist imstande, es so zu machen, wie es sich gehört – vielleicht nicht mal einer von zweitausend."

„Tatsächlich? Ach, komm schon! Lass mich bloß mal versuchen, bloß'n kleines bisschen. Wenn du ich wärst, würd ich dich lassen, Tom."

„Ben, ich würd's ja gerne tun, aber Tante Polly, weißte, Jim wollte, und sie hat, 'n nicht gelassen. Sid wollte auch, und sie hat 'n auch nicht gelassen. Siehste nicht, wie ich in der Klemme sitze? Wenn du dich dran machst und 's passiert was damit ..."

„Ach, Quatsch; ich mach's genauso vorsichtig. Komm, lass mich mal versuchen. Ich geb dir den Griebs von meinem Apfel, hörste?"

„Nun – nee, Ben, lieber nicht, ich hab Bange ..."

„Ich lass dir den ganzen!"

Tom gab den Pinsel her, Widerstreben im Antlitz, aber frohe Bereitwilligkeit im Herzen. Und während der vormalige Dampfer „Big Missouri" in der Sonne arbeitete und schwitzte, ließ sich der in den Ruhestand getretene Künstler nahebei im Schatten auf einem Fass nieder, baumelte mit den Beinen, verdrückte den Apfel und schmiedete Pläne, wie er noch weitere Unschuldige zur Strecke bringen könnte.

Mark Twain

1. Lest den Text mit verteilten Rollen.
2. Spielt die Geschichte nach.

Lexikon für Bücherfreunde

* 1937 in Tallinn/ Estland
† 2006 in Frankfurt am Main

Robert Gernhardt wurde am 13. Dezember 1937 als Sohn eines Richters in Estland geboren. Da seine Eltern deutsche Vorfahren hatten waren sie nicht gut angesehen. Sein Vater starb im Krieg und seine Mutter musste mit ihren drei Kindern nach Thüringen fliehen. Nach der Schule studierte er Malerei in Stuttgart und Berlin. Danach arbeitete er als Maler, Karikaturist und Schriftsteller in Frankfurt am Main.
Robert Gernhardt malte sein ganzes Leben lang. Außerdem schrieb er Texte für satirische Hefte und arbeitete für Otto Waalkes, für den er vier Filmdrehbücher schrieb. 2006 starb er an Krebs.

Buchtipps: Die Reise nach Amerika; Ein gutes Wort ist nie verschenkt; Feder Franz sucht Feder Frieda

*1967 in Križevci (Kroatien)

Zoran Drvenkar kam mit seinen Eltern mit drei Jahren nach Berlin-Charlottenburg. Mit 15 Jahren begann er zu schreiben. Er brach die Schule ab und arbeitete in Ökoläden und im Kindergarten. Ab und zu schrieb er auch für die Zeitung, wobei er den bekannten Kinderbuchautor Paul Maar kennenlernte, der ihn förderte.
Seit 1989 arbeitet er als Schriftsteller. Er schreibt sowohl für Kinder und Jugendliche als auch für Erwachsene.

Buchtipps: Die Kurzhosengang & Das Totem von Okkerville; Du schon wieder; Wenn die Kugel zur Sonne wird

* 1835 in Florida (Missouri, USA)
† 1910 in Redding (Connecticut, USA)

Mark Twain heißt eigentlich Samuel Langhorne Clemens. Zuerst machte er eine Ausbildung zum Schriftsetzer und reiste dann durch Amerika. Er arbeitete als Steuermann auf einem Mississippi-Dampfer und als Goldgräber in Virginia City. Über seine Reisen schrieb er Berichte für die Zeitung seines Bruders. Nach und nach erschienen auch Geschichten von ihm in den Zeitungen.
Seine heute bekanntesten Werke sind die Bücher über die Abenteuer von Tom Sawyer und Huckleberry Finn.

Buchtipps: Huckleberry Finns Abenteuer; Tom Sawyers Abenteuer; Tom Sawyer als Detektiv